NAAPURI SOITTAA HARAVAA

Laila M. R. Hietamies

NAAPURI SOITTAA HARAVAA

© 2022 Laila Hietamies
Kustantaja: BoD – Books on Demand,
Helsinki, Suomi
Valmistaja: BoD – Books on Demand,
Norderstedt, Saksa
ISBN: 978-952-80-6887-7

Sisältö

ODOTAN YSTÄVÄÄNI

Hurisit kuin amerikanrauta
uimarannan parkissa
helteisenä heinäkuun päivänä
Tai röyhkeä kärpänen
jäätelöä kauhovan myyjän
nenällä
Tungit syliin istumaan
kun kahvinjuonti
oli vielä kesken
ja olisi pitänyt
kiiruhtaa töihin
Istahdit juuri sille aukeamalle
jota olin lukemassa
ja kävit makuulle
kulttuurisivujen päälle
   Kun ovi rapsahti auki
venyttelit hartaasti
kävelit vastaan
Puskit päälläsi lahjetta
ja kehräsit
muistojen kultalankaa
....

Pehmeät tassut
säkenöivällä hangella
kun häntä huiskii
valkoista puuteria
....

Pienet kasvosi
ovisilmän läpi nähtynä
ilon läikähdys mielessä
Ei sinun olisi pitänyt
niin monen tuliaisen kanssa
mutta kiitos nyt kuitenkin
Etkö sinäkään
suostu uskomaan
että ihminen ihmiselle riittää?

Käperryit nojatuoliin
niin kotoisan oloisesti
kahvit juotuamme
Ehdimme puhua monenlaista
ennen kuin lähdit
Tervetuloa toistekin!
....

Tarjosin keittoa
tuntui maistuvan
mutta ystävyyttäni sitä tarjosinkin
Hän tuli pitkästä matkasta
vain minua tavatakseen
minäkö lähettäisin hänet nälkäisenä kotiinsa?
Ei tule kuuloonkaan
Hänkin tunsi olonsa kotoisaksi
uudessa nojatuolissani
siinä muutkin vieraani
ovat istuneet
Se on jotenkin
luonteva paikka
....

Toivo kantaa yli pimeän sillan
Tämän illan lahjoitan sinulle
ystävälle, jota en
vielä tunne
mutta pian opin tuntemaan

Nämä sanat maistuvat
joskus paperilta
kun niitä kyynikon
silmin katsoo
Lapsi näkee kirkkaammin
kirkassilmä
....

Odotan ystävääni
Mietin, missä tuolissa
hän istuisi
miten katselisi ympärilleen
mitä huomauttaisi
hän kun ei ole käynyt
uudessa asunnossani vielä
Mutta huomenna hän tulee
iltapäiväkahville
touhukkaana
ja ehkä hiukan hengästyneenä

Sanoo
ettei meinannut löytää perille
vaikka minä olin
antanut selkeät ohjeet
Kopistelee kengät jaloistaan
laittaa takkia vaatepuulle
sipaisee tukkaa kammalla
astuu peremmälle
ja antaa katseen vaeltaa huoneessa
-Tällaista täällä
nyt sitten on
tilaa enemmän kuin ennen
minä sanon
ja hymy leviää
hänen totisille kasvoilleen
....

ETTEI VAIN KUKAAN LOUKKAANTUISI

Huurteisen hurmaa
tuopin turmaa
Päässä kuplii
ja poksahtelee
Korvien välillä
suhisee, naksahtelee
....

Kotona ennen
kanat kulkivat
vapaina pihamaalla
munivat sireenipuskan
viileään varjoon
josta munia oli
mukava käydä keräämässä
esiliinan helmaan
kun aurinko paistoi
    Ei saanut näyttää
liian joutilaalta
tai komennettiin
hellapuita hakemaan
....

Muoti on aina suosinut
siroja naisen jalkoja
kiinalaisten
typistetyt jalat
ovat äärimmäinen esimerkki
Mutta ylhäisönaiset
eivät juuri niitä tarvinneet
heitä kuljetettiin kantotuolissa
mihin he vain halusivat
Liikuntakyky oli miltei mennyt
Rikkaalla oli kuitenkin
varaa olla rampa
muodin vuoksi
....

On niin liukasta
ei hiekan murenaa
Ryömimälläkö
on vietävä roskat?
On ekoteko kävellä kauppaan
mutta kuinka sujuu lajittelu?
Miten herkkä on
kuluttajan omatunto?
Entä jos vahingossa laitan
metallinkeräysastiaan lasia
tai lasinkeräykseen peililasia?

Onko minun silloin
kaadettava astia
tai muilla keinoin
ronkittava esiin väärä esine?
Ja pyydettävä anteeksi
kierrätyksen jumalilta
tulihan sitä melkein tehdyksi
ekosyntiä
tai kieriskeltävä ilmastoahdistuksen kourissa
jos edellä mainitut toimenpiteet
jäivät suorittamatta
....

-On se kumma,
totesi hän, ja jatkoi:
-miten ihmisen pitää
välttämättä aika ajoin
alentaa älykkyysosamääräänsä
vetämällä perskännit?
....

Saippuakuplat lentävät tuulessa
Ministeri pitää pitkää puhetta
raapii korvallistaan
kohentaa silmälaseja

Valtiontaloutta vaivaa kestävyysvaje
Mutta hyväkin uutinen
on pian vanhanen
eikä informaatioähkyn otteessa kouristeleva
tavallinen veronmaksaja
näe syytä
vetää siniristilippua salkoon
....

Saimaan sinisyys
huikaisee
Repalepilvi ajelehtii
taivaan katolla
Niukasti tuulta punaisissa purjeissa
auringonlaskun aikaan
    Ja vesi tuoksuu
niin kuin
valkoiset lakanat
pakkasessa
tai vitilumi kirkkaana
maaliskuun aamuna
kun rannan pajuviidakossa
siniset varjot
risteilevät
    Sellaisena päivänä, varhain
ei voi olla tuntematta
hienoista surua
kun näkee miten
rakas kissa
pyydystää linnun.
....

Cumuluspilvessä
ihan selvästi
Isä-Jumalan kasvot
tuuli liehuttaa partaa
hiukset hulmuavat.
Mutta pian kuva haihtuu
ja vaikka kuinka
yritän tihrustella,
taianomainen hetki on ohi
Se oli kuitenkin
Michelangelon Jumala
lihaksikas ja miehekäs
ei mikään
Äiti meidän
Niinkin Jumalaa voisi
hyvin kutsua
tänä ylenmäärin
varovaisena aikana.
Ettei vain kukaan loukkaantuisi?
....

MITENKÄS SILLOIN SUU PANNAAN?

Askeleet kopisevat
kauppakeskuksen käytävällä
Ryhdikäs nainen
kulkee korkokengissään
eteenpäin
ostoskassissa
marketin logo
  Mummo matalakantaisissaan
hiihtää hiljaa
apteekin muovikassi kädessään
nuoruusvuodet mielessään
....

Huomenta Aamu
hyvinkö nukuit?
Minä tässä unentihruisin silmin
yritän hahmottaa maailmaa
Nyt ei ole oikea hetki
ottaa itsestä kuvaa,
yöpaitakin rutussa
ja tukka pystyssä
ei kovin edustavia otoksia
Mutta realismia,
ihan naturalismia
Jos nainen yöpaidassa
olisi poliittinen eläin
politiikan läpitunkema
voisi hän edelleenkin
olla seksikäs
mutta mihin jäisi ihminen
se inhimillinen tekijä, joka saa hymyilemään
tuntemattomalle vastaantulijalle
laittamaan viiden euron setelin kolehtihaaviin
ja rapsuttamaan vierasta koiraa
kaupan ovenpielessä
....

Hän saapui
pakkasen puremin poskin
raikkaan ulkoilman
tuoksu vaatteissaan
Neiti kevättalvi
Joskus pyrähti
yhtenä pyrynä
kun tuuli ja tuisku
pyörivät vimmaisesti
Toisinaan katsoi almanakasta
auringonlaskut ja kuun nousut
hiihteli iltahämärissä
kun järvellä
valo yhäkin viipyi
ja kuusen latva
jo tapasi
kuu-ukon alaleukaan
....

Jäät haurastuvat
Yöllä hiukan pakastuu
Tyttö rakastuu
ohimennen
Pojan farkkutakissa
niin tuttu tuoksu
alkaako vanhoillapojilla
kevätjuoksu
vai miksi kyläsepän pajalla
olutpurkkia puristelee niin moni?
Pasasen Pertin
iäkäs koni
pilttuussa ypöyksin
Tyttö ja poika käsityksin
Metsän keskellä, kuusipuussa
linnun pesä
kohta se alkaa,
kohta se alkaa
kuumaakin kuumempi kesä
....

Tammikuun vihreät niityt
lumisade juhannusaattona
syyskuussa kukkuva käki
   Tänä vuonna
talvi on peruttu, kevät viileä
maailmankirjat
muutenkin sekaisin
   Jos saisimme vielä
valoisan joulun
hyasintin kukkimaan pihalle
punaiset tulppaanien nuput
kuin tonttujen lakit
eteläseinustalle kukoistamaan
   Niin sekasotku olisi
kutakuinkin täydellinen
ettei vain olisi
uusi normaali?
....

Vihmoo räntää yläviistosta
Linnunpönttö grillin kupeella
on saanut lunta katolleen
Linnut ovat kansainvälisiä eläimiä
tämäkin pikkumökki odottelee
asukasta Afrikasta
Herää kysymys
minkä maan kansalaisia linnut ovat?
Ovatko ne kenties suomalaisia
sambialaisia vai Kongosta kotoisin?
Ne viipyvät vuoden mittaan
maailmalla kauemmin
kuin Suomessa
Täällä ne kuitenkin käyvät syntymässä
että sikäli niitä voi pitää suomalaisina
niin kuin vauraita espanjaneläkeläisiä konsanaan
....

Kukaan
ihminen ei ole saari
ja jos onkin
vie sinne ainakin silta
Ja jos ei ole siltaa
pääseehän saareen veneellä
Mutta, entä jos
ei ole venettäkään
mitenkäs silloin
suu pannaan?
Mennäänkö uimalla?
Mutta jos ei omista uimapukua?
  Kuka tässä uimiseen
erityistä pukua tarvitsee?
Onhan ihmisellä iho
Siinä on pukua ihan tarpeeksi
ja ainahan sitä
voi kohteliaasti
sanoa käsipäivää
vaikka ihan nakuna
....

TÄSSÄ ELOKUVASSA
KAIKKI ON TOTTA

Varjot pitenevät joulua kohti
lyhyet päivät
kahden pimeän välissä hiipuvat
Järveltä nousee sumua
koivunoksat piirtävät kuvia
taivasta vasten
    Seison tässä hämärässä
bussipysäkillä matkakortti kourassa
toiveikkaana menossa kaupungille
Ehkä joku tuttu putkahtaa vastaan
aivan yllättäen
Joku, jonka viimeksi näin
40 kesää sitten
tähtikirkkaana yönä
elokuun kuutamolla,
marketin kassalla
aivan arkisena maanantaina
tai huoltoaseman liikennemyymälässä
öljykanisteri kainalossa
....

Hänen silmässään
kimalsi kyynel
kuin kastepisara
kirkkaassa aamuauringossa
    On jotenkin nähtävä
tämän pitkän
pimeän halki
ja toiselle puolelle
Siellä jossakin
valo kuultaa
ohuen kalvon läpi
ja tuuli pudottelee
käpyjä peltikatolle
Miten ne kopsahtelevatkaan!
....

Kovin simaisia tunnelmia
on tänä vappuna
vaikea saavuttaa
Naapuritalon eteläpäädyssä
narsissi kukkii
ja tulppaanien isot nuput
ovat valmiina avautumaan
kunhan on kahtena päivänä
yli kymmenen astetta...
Voinhan minä toki
istua kotona siiderilasi kourassa
ja ylioppilaslakki päässä
laulamassa keväisiä lauluja
Ja mieluiten
vielä peilin edessä
jotta näen jonkun ihmisen
edes itseni
tänä viileänä keväänä
....

Kun kaikki on sanottu
eikä ole mitään lisäämistä
takki on tyhjä
Niin tyhjä
ettei taskuista löydy
kuin käytetty
paperinen nenäliina
bussikortti, jossa vielä
neljä matkaa jäljellä
ja täysi tulitikkuaski
    Mutta niillähän saa
aikaan vaikka mitä!
Nuotion hätätilassa
Nenäliina kelpaa hyvin
silmälasien puhdistukseen
ja voin käydä kirkossa kahdesti
pyytämässä Luojalta
täytettä takkiin

Jos häneltä liikenisi
hiukan aikaa
tämmöiselle tavan tunarille
joka yrittää jatkaa
jokseenkin eheää elämää
huolistaan huolimatta
....

Lumi suli.
Satoi lämmintä vettä
Joulukuun nurmikot vihersivät
Järvi lainehti
Sain ikävän puhelun
minua syytettiin jostakin
kahdenkymmenen vuoden takaisesta
ikään kuin minulla olisi tapana
vehkeillä ihmisten selän takana
Sellainen ei pidä lainkaan paikkaansa
mutta minä kyllä käyn taistoon
sanan säilällä
kun tarve niin vaatii
puolustaudun omalla tavallani
Viina siinä varmasti puhui
vuosien katkeruus ja osattomuuden kokemus
purkautuivat
Minua henkisesti mukiloimalla
hän kuvitteli saavansa
itselleen lisäarvoa
nousevansa jotenkin yläpuolelleni
Mutta kuten vesi valuu hanhen selästä
kastelematta sen ihoa
haihtuu myös syytösten aiheuttama
paha mieli
myrkky laimenee
ja taivas on taas sees
....

Sade ajoi tuntemattomaan kahvilaan
satoi rankasti kymmenen minuuttia
Salama välähti jyrinän säestyksellä
Nuori nainen auttoi vanhaa
rollaattorin kanssa ovesta
Sade taukosi
Selvisin kuivana keskustan läpi
elokuvateatterin aulaan
Siellä meni Apollo 11
salissa numero 1
Huikea, ensimmäinen kuuseikkailu alkoi
Oli meitä katsojia aika monta
Kun raketti irtosi maasta
ja alkoi kohota,
minulta melkein
pääsi itku
....

Tästä päivästä muistan
vuoden kuluttua
vain hiukan
ehkä sen
että toivottomasta
tilanteesta voi selvitä
ja apua saa
kun sitä
tohtii pyytää
....

Ich stehe im Regen
und warte auf Dich
Seison Sateessa
ja odotan Sinua

Istun alatalon penkillä
ja odotan sinua
Autot torkkuvat pihalla
näen niitä sireenin
oksien lomasta
kun alkaa sataa
"kissoja ja koiria
haukkuja ja kissimirrejä"
Sataa kuin
saavista kaataen
ja tässä elokuvassa
kaikki on totta
    Harmaa taivas
sylkee vettä selkään
sukat kastuvat
Uintireissu peruuntuu
kun sataa
....

ILTA SAAPUU PEHMEIN ASKELIN

Voikukka puskee
asvaltin läpi
Keväänkeltainen aurinko
harmaata seinää vasten
ihastuttaa
Ja väärässä paikassa
vihastuttaa
Aamulla
yöpakkasen mentyä
valkoinen laulujoutsen
kylpee valossa
Rantamökissä
heräillään
Ruoho tuoksuu
ja kahvi
....

Hän meni
merta edemmäksi
kalaan
Ei tutkinut tarkasti
tuttuja vesiä
ja veti kuin vetikin
vesiperän
....

Kun aallot
vyöryvät rantaan
ja hiekka
auringossa hohtaa
istumme katsellen
kauas ulapalle
Selität jotakin
mutkikasta juttua
mieleni harhailee
omille teilleen
Valvottu yö painaa
laineiden liplatus
hivelee korvia
veden välke
häikäisee silmiä
    Äkkiä huomaan
miten raikkaalta
vesi tänään tuoksuukaan!
....

Aallot tyrskivät
vasten veden hellimää
kalliota
Käkkärämännyt
niukassa mullassa
Tuulee ulapalta
harmaita pilviä matalalla
välillä vilahtaa sinistä pilvien lomassa:
jossakin aurinko paistaa
....

Lihan iloja
menneitä kiloja
en sure
Annan käsieni levätä
pianon koskettimilla
ja soitto soi
suvi-illassa
auringonlaskun aikaan
ennen kuin kevyt hämärä

laskeutuu tienoon ylle
ja västäräkki kipittää
laiturin päästä päähän
....

Tihkusateinen marraskuun päivä
Kupillinen kahvia
hiljainen aamu
Kolmannesta kerroksesta näkyy järvelle
yli kattojen
ja toisella puolen
vanha puinen kirkko
kohoaa taivaita tavoitellen
Se ei enää yllä
juuri korkeammalle
kuin uusi pankin talo
jossa kahvila sijaitsee
Jouluvalot ovat tuikkineet
puissa jo kauan
mutta alhaalla rannassa
on paljon pimeää vettä
niin että
pientä poikaa pelottaa
....

Talossa lähellä rantaa
katsomme miten kettu
jolkottelee pihan mulloksella
sillä, mihin on
kevyesti kylvetty
uutta nurmikkoa

Kiireettä se kiertelee
vastasyntyneellä alueella
makoilee välillä auringossa
Ja jatkaa sitten sinne
mihin silmä ei kanna
....

Penkki veden partaalla
on paras paikka
ilta-auringossa
kun järvi hehkuu
tuoksuu yrttisesti syksyltä
ja rannan pihlajat
karistelevat koristeellisia lehtiään
Ilta saapuu pehmein askelin
jotka tömisevät
hämärässä metsässä
Jos olisi talvi
näkisi kukaties
jäniksenpapanoita hangella
ja jälkien jouhevaa
salakirjoitusta
....

HÄMÄRÄN HARMAA
RIEPU

Yritin tavoittaa
sinua unessa
mutta ajelehdit kauemmaksi
katosit usvan taakse
Tyynelle merelle
Pääsiäissaaren hiekkaiselle rannalle
valkealle sannalle
    Et sanonut
minulle mitään
sormeilit vain
kevyesti rukousnauhaa
ja pyysit rauhaa
....

Kaipaan maaliskuisia unelmia
lumen sinistä tuoksua
parasta parfyymia
pilvisenä kesäpäivänä
....

Korvat kasvavat
Joulukuussa metsä
syvään huokaa
On hiukan jo lunta
silmille hyvää tekevää
Kunpa vain
välttyisin kauppakeskuksen
hermostuttavalta tingeltangelilta
Rakkaat ryysiksen jumalat
armahtakaa!
Viekää minut hiljaisen kahvilan
perimmäiseen nurkkaan
tuokaa pöytään
kupillinen vahvaa kahvia
kakkupalan kera
Istuttakaa viereeni hyvä ystävä
ja antakaa minun
kertoa jokin
mieleen juolahtanut muistelus
elämän varrelta, jotta voimme
yhdessä makeasti nauraa
....

Uni palauttaa voimat
Iltapäivällä on suloista käpertyä
peitteen alle
ja nukkua
väsymys pois
Ihan niin kuin
karhu pesässään
tai pääsky räystään alla
....

On täydenkuun aika
Itäisellä taivaalla
tuttu valoilmiö
yhäkin kiehtoo
vaikka siellä on käyty
  Neil Armstrong
  ensimmäisenä
polkaisi kuupölyä jalallaan
ja sen jälkeen siellä
on oltu ehkä viidesti
  Kuussa näkee
hienon maatamon
sinivalkoisen planeetan
joka neitseellisen näköisenä
kääntää kylkeään avaruudessa
  Mistään ei voi päätellä
siltä etäisyydeltä
mitä täällä
on meneillään
Maa on niin kaunis
kirkas Luojan taivas
....

Unen läpi
äänesi kantaa
Lakanat kalisevat pakkasessa
toisiaan vasten
nuora kiristyy
katketakseen
pitkät jänteet pingottuvat
lauetakseen aamun hämärään
joka pian
haihtuu auringon noustessa
metsän ylle
....

Vesisateessa joulukirkkoon
Missä ne korkeat nietokset?
   Pohjoisessa kenties
tunturin kupeessa
missä hanki kuutamossa hohtaa
Enkelin siivet
kahisevat pakkasessa
ja revontulet säkenöi
....

Unen enkeli
hieroo silmiään nyrkkiinsä
hämärän harmaa riepu
räpsähtää kaidoille kasvoille
Koko kaupunki nukkuu..
....

MARRASKUUN SAMEAT PÄIVÄT

Kaakkois-Suomessa
lämmintä kaksi astetta
ja sakeaa räntäsadetta
TV-uutisten meteorologi
selittää
ja Atlantilla syntyneen
myrskymatalan häntä
huiskaisee Suomea
  Siinä samassa
mökin muorilta
katkeavat sähköt
  Peijakkaan tuuli!
Jaksaapas tuivertaa!
Onneksi on kynttilöitä
patteriradio
ja puu-uuni
Mikäs tässä
....

Iltahämärän aikaan
hirvi liikkuu
Valtatien varrella
komeat sarvet
kolahtavat konepeltiä vasten
valo sammuu
kun lamput särkyvät
pieniksi pirstaleiksi

Lokakuun punaiset
ja keltaiset
sekä hälytysajoneuvojen
voimakkaat värit
loistavat tien vieressä
ja syksyinen rykimäaika
tallentuu syvälle
muistiin
....

Kuukausista julmin
huhtikuu
Mitä täällä
oikein tapahtuu?
Jäät lähti
ennen pääsiäistä
ja näistä säistä
ei enää tiedä
en minäkään siedä
talvea talvetonta
    Pyörätien luiskassa
koiran sonta
Siihen jos astuu
koronaa väistellen
tuokin Ellen
päästää hän
suustaan jotakin
painokelvotonta
ja syitä on monta
....

Sateenvarjon aukaisen
käyn taistoon
räntää ja pimeyttä
vastaan
Tuuli painaa kumaraan
puhkaisen sen ohuen kalvon
Isken miekalla
tyhjää haarniskaa
huidon sinne, tänne
umpimähkään
    On hämärää
Nukuttaa makeasti
Olo on kuin
oravavalla pesässä
Kotoisaa
....

Lehdet ovat jo pudonneet
harmaa vesi aaltoilee
On marraskuu
Talitiainen lennähtää
lasitetulle parvekkeelle
eikä heti löydä ulos
Vastapäisen talon
sälekaihtimien sokeuttamat
ikkunat tuijottavat mykkinä
Hiekkalaatikolla ei ainuttakaan lasta
Sataa märkää vettä
....

Raaka tuuli korvissa
vetää suuta vinoon
Pimeässä illassa
tuikkivat valot
heijastuvat märästä jäästä
　Hän kysyy
mitä minulle kuuluu
ja minä vastaan
että mitäs tässä.
　Tällaista tavallista
tammikuuta vain
....

Mutta tämä marraskuu!
Pimeyden syvimmässä ytimessä
valon kajastus
aikainen joulun odotus
kääntää katseen kevättä kohti
　Vielä on kuitenkin
monta räntäsateista aamua alkamatta
paljon adventtisohjoa auraamatta
sikaa teurastamatta
piparia leipomatta
laulua laulamatta
Joulua viettämättä
....

Syksyn hevoset
laukkaavat myrskynä
Tuuli kohisee oksistossa
kikkarat lentävät
Solakat männyt kuivalla kankaalla
kumartuvat tuulessa
maan puoleen
Aurinko välkkyy
hurjana kiitävän hevosen
mustilla lautasilla
ja villi hirnunta raikaa
....

Tämä on sellainen vuodenaika
että jos tänne tupsahtaisi
kesken kaiken
vaikka puolen vuoden koomasta
ei heti tietäisi
onko nyt
syksy vai kevät
Kyllä sen sitten
illan tullen huomaisi
että syksyhän tämä
kun pimeän harmaa huopa
hulmahtaa hartioille
jo neljältä
....

Kuusi on nyt
viety vintille
odottamaan uutta joulua
mutta ensin
on totuttava lisääntyvään valoon
vietettävä pääsiäisen pyhät
Vappukin mitenkuten
ja vähäluminen juhannus
Elokuun pellot
kirkkaassa kuutamossa
ja lokakuun riemukas ruska
  Kirjavan kissan
huiskiva häntä
marraskuun sameana päivänä
kahden vaiheilla:
mennäkö ulos
vai eikö?
....

UNEN MORSIAN

Aamuyön
pitkinä tunteina
kuulen miten
herätyskello takuttaa
pöydällä
Se mittaa arvokasta aikaa
jota on meille harkiten annettu
Pölyhiukkaset väreilevät
lampun valossa
hiljaisuus kihisee korvissa
Intialaisessa tavaratalossa
pääsee ihastelemaan lunta
maksua vastaan
Kohta kai meilläkin
Onneksi on
yöradio
....

Kolme hiljaista miestä
ratsastaa
Mongolian yössä
hevonen tekee kuolemaa
Hiekka lentää
yötuuli ja tähdet
vaikenevat
....

Kuusen ympärillä
hiljaisuus
vähän lunta
Tiuku helähtää
Metsikössä
hiukan punaista
vilahtaa
On joulu
....

Kävelen
tässä pimeyden keskellä
Tie kuljettaa minua
poispäin jostakin
jalat seuraavat perässä
Ja pää
ajatuksista ahdas
korvat molemmin puolin päätä
kuuntelevat
kaikkeuden kohinaa
salaperäisiä radiokanavia
vanhan vastaanottimen
kelmeässä valossa
valoisan pimeyden ytimessä
....

Pimeän lapset
tarttuvat oljenkorteen
Nallen toinen
nappisilmä on
on miltei irti
vain parin rihman varassa
mutta kenelläkään
ei ole neulaa eikä lankaa
   Tässä leirissä
pimeä humahtaa äkkiä
kuin painava kirves
Nälkään turtuu
   Pieni poika
ei halua luopua
rakkaasta kirjastaan
Siitä hän oppi
lukemaan taannoin
sitä hän puristaa
rintaansa vasten
ainoaa aarrettaan
kun väsymys voittaa
ja täysikuu valaisee
telttojen meren
....

Saunassa mieli hiljenee
älylaitteen piippailu lakkaa
Höyry hellii
löyly loihtii höyrystä
paratiisillisia näkyjä
Kylpijä punoittaa
miltei liukastuu saippuaan
puhisee tohkeissaan
saa samppoota silmiinsä
Seisoo suorana suihkussa
roiskuttaa vettä
mielin määrin
  Käväisee vielä löylyssä
heittää kiukaalle kolme kauhallista
Kuumuus ajaa kumaraan
Arki unohtuu ja nurkissa paukkuva pakkanen
Kun hän istuu ulkona
olutpurkki kourassa
saunan jälkeen
iho höyryten
ja katsoo Pohjantähteä
taivaanlaella
ei hän haikaile edes Edeniin
sen kuin on
....

Vuoden vaihtuessa nukuin
Havahduin poksahduksiin
ja nukuin taas
Jonkun harhautuneen raketin
olisin nähnyt
kannattiko sen takia valvoa?
Vedin vain peittoa
tiukemmin korville
ja sukelsin unen syvyyksiin
Niin vaihtui vuosikymmen
Mennyt vuosi oli
yksi parhaita
sain aikaiseksi
enemmän kuin koskaan
Aamulla maailma
oli entisellä tolallaan
lunta vain aavistus
tammikuun vihreät niityt
tänä vuonna
taas niin totta
....

Aamuöisellä parvekkeella
hieno orvokintuoksu
Ja ihan niin kuin
pihanurmikko olisi
kasvanut eilisestä
    Yöradio on puheliaalla päällä
soittaa Krokotiilirokkia
pitää hereillä
uneliasta juontajaa
viihdyttää huonounisia kuulijoita
    Myöhemmin aamulla
hän levittää ruusuille
hevosen lantaa
vetää peiton korviin
ja nukkuu
pitkälle iltapäivään
kunnes seurankipeä kissa
herättää hänet
naukaisullaan
....

Yöllä satoi
ohuen lumihunnun
Se on paljon
tänä talvena
Unen morsian
nukkuu paljain varpain
untuvapeiton alla
eikä sulho kuorsaa
Hiljaisuus on parasta musiikkia
meluun väsyneille korville
....

VALAISTU SISÄLTÄ PÄIN

Taas se mukava nainen
lähikaupan kassalla
Miten onkin omalla alallaan
Ei tarvitse mitään ylimääräistä sanoa
asenne on kohdallaan
iloiset kasvot
pelastavat harmaan
ja loskaisen päivän
Joskus toki tulee vaihdetuksi
pari sanaa ilmoista
jos aurinko
oikein paistaa
....

Kimallusta ulapalla
leutoa lounaistuulta
Istun lämpimällä kalliolla
ja katselen järvelle
nyt kun iltapäivän kuumuus
paahtaa päälakea
ja veden välke
häikäisee
Pyörätien pientareella
sinivuokot kukkivat yhä
mutta leskenlehdet
ovat jo kuihtuneet
Kirsikkapuu
pursuaa vaaleanpunaisin kukin
ja nurmikon
kasvun
voi miltei kuulla
....

Koivikossa kohta vihertää
Punainen kissa
koppolin katolla
siristää silmiään
Keltaiset kolikot
yhtenä viiruna
armottomassa
auringonpaisteessa.
    Hiiren häntä vilahtaa
varvikossa
mutta kylläistä kissaa
ei voisi vähempää kiinnostaa
    Nainen
katselee, miten
tähtiä putoilee mereen
Hän seisoo hotellin parvekkeella
ja toivoo
....

Aurinko piipahtaa
horisontin takana
Lasinkirkas taivas
peilaa tyvenessä järvessä
Sauna savuaa
Hellepäivän viileänä iltana
mies astelee nakusillaan
suorinta tietä järveen
ja karjuu
päästää villin
alkukantaisen huudon
ja kaiku vastaa:
On juhannus!
....

Pölisevää puuterilunta
sinisiä varjoja metsässä
Tuvan hiljaisuudessa
auringonläikässä makoilee
kirjava kissa
Sen vihreissä silmissä
kimaltelee
Ovi avautuu
ja eteisestä tulvahtaa
raikas pakkasen tuoksu
Ovesta tulija
koppaa kylmiin kouriinsa
lämpimän kissan
joka aikansa pyristelee
rauhoittuu sitten
On päiväkahvin aika
hellassa humisee tuli
Se hehkuu kuumuutta
ja pian vesi pannussa kiehuu
Lumisella pellolla
säihkyvät talviset timantit
On helmikuu
....

Marraskuun aurinko
häikäisi tänään
Järvi hohti sinisenä
aaltoili vapaana
vaikka joulukuu on
nurkan takana
Yhtenä näistä
lumettomista jouluista
ajattelin, että
onneksi sentään ei ollut valoisaa
Sillä pimeys liittyy jouluun
kynttilät tuikuttamassa
siellä pimeän keskellä
pienet toivon liekit
....

Suitsukkeen savu
kuin henkäyksenohut rukous
lapsen huulilta

tyynenä, aurinkoisena
syyspäivänä
kun lämpöä on
melkein viisitoista astetta
ja puolukat metsässä
kypsiä

Kirkon kupolit
kimaltavat valossa
ja
kuvat hartaina
huokuvat pyhää
....

Äidin kädet
poimivat lattialta
hehkuvan kekäleen
Nakkaavat sen takaisin humisten palavaan
hellaan
    Hän kulkee navettapolkua
pakkasessa paljain käsin
lämmittelee niitä
lehmän rehevää kylkeä vasten
Joskus tirauttaa itkut
kun maito alkaa soittaa
ämpärin pohjaa
ja sydän on niin täynnä
Arjet ja pyhät tätä samaa
    Isä paljon iltoja poissa
äiti navetassa
yksin

Mamma nukuttaa lapset
jonkun on pidettävä huolta
Peiteltävä ja kuunneltava iltarukoukset
kummallakin omat
    Äiti ylittää pihaa
lumi narisee
askelten alla
hän näkee pihalampun kirkkaassa valossa
miten tuuli pöllyttelee
irtainta lunta
Iltataivaan mustuudessa
tuhannet tähdet
....

Aurinko värjää
mäntyjen rungot
punaisiksi
ja tytön vaaleat hiukset
miten ne hehkuvatkaan!
Ihan kuin ne olisi
valaistu sisältä päin
....

ORKIDEAN KYLPYPÄIVÄ

Maalasin tontut kuusen ympärille
laskevan auringon
metsän ylle
hopeisen tähden hohtamaan latvaan
Taiteilin paperista
hienoja enkeleitä pumpulihiuksin
ripustin punaisia sydämiä
ja sen hauraan lasikellon
jonka kerran kävimme ukkisän kanssa
kyläkaupasta hevosella ja reellä
   Se oli sitä aikaa
kun talvet olivat talvia
ja kesät kesiä
Hevosen hengitys huurusi pakkasessa
nurkat paukkuivat
puhelinlangat lauloivat
   Jonakin sellaisena
talviyönä
kävelin yksin
pakkasen punaamin poskin
kuutamon valaisemaa tietä
Askeleet narisivat ja
varpaita jo hiukan paleli...
....

Matkalla olo
on joskus tärkeämpää
kuin perille pääsy.
Mutta kotoilu
kaiken voittaa!
....

Järven kirkkaus
kuin terävä veitsi
Tuuli rikkoo
kireän kalvon
pakkanen lauhtuu
 Lokakuussa
auringonkehrä
pyörii entistä alamäkeä
 Illan tullen
oravanpoikaset
käpertyvät
yhdessä pesään
johon kaikki
mukavasti mahtuu
....

Kevään eteneminen
on pysähtynyt
lämpöä viisi astetta
Ruoho ei kasva
Mutta pikkutytöt
toiveikkaina
työntävät nukenvaunuja
pilven takaa paistavan
kalpean auringon alla
Tulevat äiditkö?
....

Minun joulukuuseni
on muovia.
Kuusi asustaa ullakolla
josta raahaan sen jouluksi
olohuoneeseen
Se on ollut minulla
kohta kolmekymmentä vuotta.
   Olen siis säästänyt
kolmenkymmenen vuoden luonnonkuuset
Se on jo aikamoinen metsikkö
jossakin se kasvaa
ja tuottaa happea
Ja monen puun oksalla
linnunpesä
....

Pikkujouluvieraat porisevat
puuro höyryää
Siihen on ropattu
kourallinen manteleita
varmuuden vuoksi
Jos saa yhdenkin
onni on taattu
tulevaksi vuodeksi
mutta mitä jos saa kaksi
tai useamman
millaista auvoa
se tietää
ja onko se silloin
muilta pois?
   Turvallisuussyistä
juhlissa ei ole
elävää tulta
ja tuolejakin on
vain nopeimmille
Sain sentään
pahvimukista punaviiniä
että niinkin fiiniä!
....

Sataa lumen hahtuvia
Takka hiukan savuttaa
matalapainetta
mitäs muuta
Tänä vuonna
naapuri viettää
yhden naisen
siivoustalkoita
välipihalla
Ja soittaa haravaa
....

Tulitikkujen kanssa
on mukava turrata
kun lämmittää saunaa
Syttyyhän tuli sytkärilläkin
mutta siinä ei ole samaa tuntua
Minä käytän sanomalehteä
sillä tuohta on saunalla harvoin
Se olisi paras sytyke
palaa riittävän kauan
Paperi kuhahtaa nopeasti
ja sitä täytyy
lisätä monta kertaa
Kun tuli tarttuu pilkkeisiin
ja ne alkavat tasaisesti palaa
istahdan takkahuoneen puolelle
lukemaan vanhoja Hesareita
Kiinnostava artikkeli
Rafael Wardin näyttelystä
on kuitenkin joutunut
osittain kiukaan kitaan
....

Siivosin tänään
sillä huomenna
on tulossa vieras
Tai pikemminkin tuttu
mutta ei niin tuttu
....

Sisko niittää rannassa kaislikkoa
minä lämmitän saunaa
On heinäkuinen, helteinen illansuu
kalpea täysikuu kaakossa
tyyni järvi heijastelee
vastarannan metsää
Linnut ovat jo vaienneet
tältä kesältä
ja käen kukunta
on muisto vain
....

Lisääntyvä valo
herättää
värien nälän
Paletti pursuaa
uusia sävyjä
sininen hämärä
siirtyy yhä myöhemmäksi
ja pääsiäinen lähestyy
Kasvatan ruohoa lautasella
vaihdan viherkasveille mullat
mutta orkidea
tahtoisi kylpyyn
kerran viikossa
kuten ihminen saunaan
Liian vaatelias kasvi minulle
Annan vettä, kun muistan
opetan kukkani askeettisille tavoille
ei minun hoitooni
pitäisi uskoa
kovin janoista
tai nälkäistä kasvia
Ne ovat niin hiljaisia
eivät nosta metakkaa
jos janottaa
mutta saattavat pudottaa
muutaman keltaisen lehden
Kodinonni tai azalea
eivät minulla viihdy
mutta uskoisin
tulevani anopinkielen
kanssa toimeen
....

VIISAAT, VAITELIAAT VIIVAT

Tammikuun pitenevät päivät
helmikuun heleys
Meihin on syvälle istutettu
kevään odotus

Mitäpä muuta
sitä toivoisi
kuin näkevänsä
ensimmäisen krookuksen
nousevan mullasta
silmujen paisuvan
ja avautuvan lehdiksi
Ja tulppaanin punainen liikennemerkki
huutaa talon aurinkoisella seinustalla:
Katsokaa, on kevät!
....

Kaunis nainen
parilla viivalla vedetty
Kiharapilvi tuoksuu
poutapäivän parfyymiltä
kaulassa kultainen sydän
rannerenkaat helisevät
ei sormusta nimettömässä
Mutta ukkovarpaassa on
....

Näen maljakossa
kuihtuneen ruusun
Sen kauneus
riipaisee syvältä
Niin myös
kastepisara
vasta avautuvassa kukassa.
Kaiken suhteellisuus
puhuttelee hiljaista mieltä
Pieni morsiusneito kirkossa
ripottelee terälehtiä
vihittävien tielle!
....

Musiikkia sielulle:
pimeässä joulukuun yössä
trumpetin
huikea ääni
yhtä yllättävä
kuin äkillinen
sirkkelin ulvahdus
aurinkoisena huhtikuun päivänä
....

Nainen
kaunis kuin kirkas päivä
Ruskeat silmät
katsovat alaspäin
ripsen päässä
kimaltaa kyynel
Tänään on
otettava ensimmäinen askel
Yksin
....

Raapaisen tikun
Liekki hulmahtaa esiin
huoneen hämärä kirkastuu
  Istun nojatuolissa
katson miten kuuset
huojuvat tuulessa
Marraskuussa värit pehmenevät
murretut sävyt paljastuvat
kun lehdet alkavat maatua
Luonnon vuotuinen kierto
sukupolvien jatkumo
Hämmästyttää
miten hyvin tämä
oli suunniteltu
....

Sumun seasta
piirtyvät ikiaikaiset kasvot
komea kotkannenä
roomalaisessa kolikossa
Vihreät pellot
appelsiinilehdon kupeessa
kulkukissan joustava käynti
Rotkon yli
vie keinuva riippusilta
polvet vähän tutisevat
mutta periltä
näkee paremmin
....

Tiainen törmäilee parvekkeella
umpimähkään
osaa sitten sattumalta ulos
putoaa siivilleen
  Kuu lymyää kuusien takana
  juusto on vanhaa ja itkee
  Tunturipurossa koskikara kylpee
Saunapäivänä, lauantaina
puhtaat vaatteet tuoksuvat pyykkikorissa
....

Tänä päivänä
sataa lunta
isoja hiutaleita
leijailee hitaasti
kohti maata
  Kun olin lapsi
aukaisin suuni lumisateessa
ja yritin kielelläni
pyydystää kiteitä
....

Tässä kohden toukokuuta
on taikaa
Odotan silmujen
puhkeavan lehdiksi
aurinkoisena päivänä
Koivikossa aavistus
hennon vihreää
Taivasta vasten
piirrettyjen oksien
kumma kirjoitus
viisaat, vaiteliaat viivat
pisteiden ja pilkkujen runsaus
Se kaikki jää kohta
lehtiryöpyn alle
Ja aamulla aikaisin
siniset orvokit
tuoksuvat savulta
....